Maison MAZAROZ-RIBALIER

MOBILIERS ARTISTIQUES

Bois sculptés, Tapisseries, Objets d'Art

VENTE

AUX ENCHÈRES PUBLIQUES

Pour cause de liquidation judiciaire, en vertu d'ordonnance

HOTEL DROUOT, SALLE N° 1

Les Mercredi 18, Jeudi 19 et Vendredi 20 Juin 1890

ET

94, BOULEVARD RICHARD-LENOIR, 94

Les Lundi 23, Mardi 24, Mercredi 25, Jeudi 26 Juin 1890
et jours suivants s'il y a lieu, à 2 heures

EXPOSITIONS :

A L'HOTEL DROUOT

Particulière : Le Lundi 16 Juin 1890 ⎰
Publique : Le Mardi 17 Juin 1890 ⎱ de 1 heure à 5 heures 1/2.

94, BOULEVARD RICHARD-LENOIR, 94

Particulière : Le Samedi 21 Juin 1890 ⎰
Publique : Le Dimanche 22 Juin 1890 ⎱ de 1 heure à 5 heures 1/2.

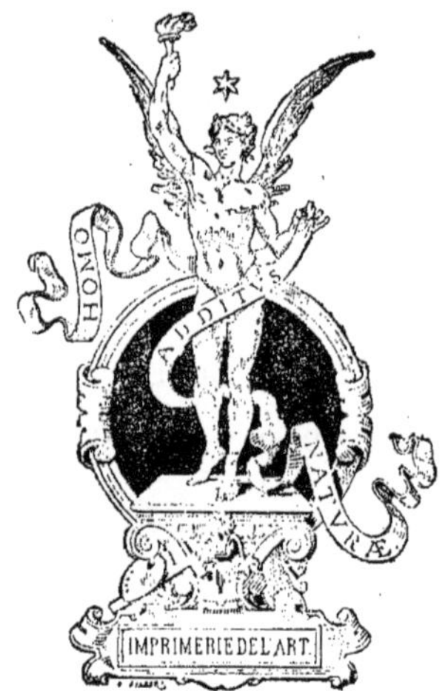

HOMO
AUDITUS
NATURÆ
IMPRIMERIE DE L'ART

CATALOGUE

DES NOMBREUX

MEUBLES D'ART

ANCIENS ET DE STYLE

De la Maison Mazaroz-Ribalier

SCULPTURES EN BOIS

Façade gothique de la Maison abbatiale des Dames de Saint-Amand, de Rouen

Colonnes, Grandes Cariatides, Quantité de Panneaux sculptés
Devants de Coffres, Frises, etc.
Sculptures en marbre, Faïences françaises, Objets d'art
Beau Crucifix en ivoire et bronze doré, de l'époque Louis XIV
Bronzes d'Art et d'Ameublement, Pendules

MOBILIERS ARTISTIQUES

POUR

Salles à manger, Bibliothèques, Chambres à coucher
Glaces, Meubles de fantaisie

CHEMINÉES EN BOIS SCULPTÉ

Sièges garnis, Bois de sièges

40 TAPISSERIES ANCIENNES

Magnifique Garniture de lit en guipure, à reliefs, Louis XIII
Autre au petit point de l'époque Louis XIV, Soieries anciennes, Étoffes modernes

DONT LA VENTE AURA LIEU

Pour cause de liquidation judiciaire, en vertu d'ordonnance enregistrée

HOTEL DROUOT, SALLE N° 1

Les Mercredi 18, Jeudi 19 et Vendredi 20 Juin 1890

ET

94, BOULEVARD RICHARD-LENOIR, 94

Les Lundi 23, Mardi 24, Mercredi 25, Jeudi 26 Juin 1890, et jours suivants s'il y a lieu

A DEUX HEURES

COMMISSAIRES-PRISEURS

Mᵉ LÉON TUAL	Mᵉ PAUL CHEVALLIER
56, rue de la Victoire, 56	10, rue de la Grange-Batelière, 10

EXPERT

M. CHARLES MANNHEIM

7, rue Saint-Georges, 7

EXPOSITIONS

A L'HOTEL DROUOT	{	PARTICULIÈRE, le Lundi 16 Juin 1890, PUBLIQUE, le Mardi 17 Juin 1890,
94, BOULEVARD RICHARD-LENOIR	{	PARTICULIÈRE, le Samedi 21 Juin 1890, PUBLIQUE, le Dimanche 22 Juin 1890,

DE UNE HEURE A CINQ HEURES ET DEMIE

CONDITIONS DE LA VENTE

Elle sera faite *expressément* au comptant.

Les Acquéreurs payeront CINQ POUR CENT en sus des adjudications, applicables aux frais de la vente.

L'Exposition mettant les acquéreurs à même de se rendre compte de l'état et de la nature des objets, il ne sera admis aucune réclamation une fois l'adjudication prononcée.

Paris. — Imp. de l'Art, E. Ménard et C\ie, 41, rue de la Victoire.

DÉSIGNATION DES OBJETS

FAIENCES, PORCELAINES

1 à 5 — ROUEN. Plusieurs pièces à décor polychrome, dit à la Corne : grands plats, longs et ronds ; compotiers carrés, assiettes.

6 à 9 — ROUEN. Plats ronds et longs à bords contournés ; décor à la pagode avec marli quadrillé vert et orné de réserves à fleurs et crevettes.

10 — ROUEN. Grand plat long et octogonal, décoré en bleu et rouille d'une corbeille et de cornes d'abondance au fond et d'un large lambrequin sur le bord.

11 — ROUEN. Grand plat long à bords contournés, muni de deux poignées cordelées ; décor polychrome à la corne tronquée.

12 — ROUEN. Bannette octogonale à décor polychrome, branchages, oiseaux, maisonnette ; bordure à réserves, grenades et insectes, sur fond quadrillé vert.

13 — ROUEN. Deux assiettes à figures et ornements dans le goût chinois, décor polychrome.

14 à 17 — ROUEN. Grands plats, bannettes, assiettes, buires en casque, jardinières, décorés en bleu.

18 à 20 — ROUEN. Plat, assiettes, compotier à décor polychrome, emblèmes de l'amour et bordure à rinceaux.

21 — ROUEN. Plat creux et octogonal, à décor polychrome de vases et d'ustensiles chinois.

22 — ROUEN. Plat ovale à décor polychrome, papillons, oiseaux et bouquets.

23 — MARSEILLE. Pot à eau à décor polychrome : Repas de villageois dans un paysage ; hachures roses en haut et en bas.

24 — MARSEILLE. Deux assiettes à paysages polychromes, marli à filets bleus et hachures carmin.

25 — MARSEILLE. Soupière ronde à anses et poignée formées de branchages, décorée de bouquets polychromes.

26 — MOUSTIERS. Plat long décoré en camaïeu vert de grotesques, d'oiseaux et de plantes.

27 à 30 — MOUSTIERS. Plats longs et ronds à décor polychrome.

31 — NEVERS. Assiettes, saladiers, bénitier, etc.

32 — STRASBOURG ET FAIENCES DE L'EST. Soupières, plats, assiettes.

33 — DELFT. Deux assiettes à sujets tirés du Nouveau Testament et bordure à figures d'enfants et rinceaux en camaïeu bleu.

34-35 — DELFT. Plaques à figures et ornements, bleues et polychromes.

36 — DELFT. Trois assiettes décorées en camaïeu bleu : les Mois.

37 — DELFT. Deux autres représentant des navires peints en camaïeu bleu.

38 à 40 — RHODES. Trois petits plats à décor de palmes et d'œillets émaillés en couleurs sur fond blanc.

41 — HISPANO-MAURESQUE. Deux plats à reflets métalliques, l'un relevé de bleu.

42 — CASTEL-DURANTE. Cornet à cartouches, médaillon-buste et rinceaux en couleurs sur fond bleu.

43 — CASTELLI. Aiguière côtelée en casque, décor polychrome représentant un paysage.

44 à 46 — Faiences italiennes. Coupes, plats.

47 — Terre émaillée moderne. La Nourrice, d'après B. Palissy.

48 — Terre émaillée de la suite de Palissy. Plat ovale à décor en relief : la Belle Jardinière.

49 — Figurine de jeune garçon attachant ses patins, en terre de Lorraine, avec piédestal en marbre blanc.

50 — L'Enfant aux raisins, d'après Pigalle, statuette en terre émaillée blanc.

51 — Deux grands plats en Japon à décor bleu, rouge et or, avec socles en bois noir.

52 — Porcelaines de Chine, du Japon, de Saxe et porcelaines françaises : assiettes, plats, petits vases, cornets, etc.

OBJETS VARIÉS

53 — Beau christ en ivoire sculpté, avec croix et piédestal-reliquaire en ébène, richement garnis de bronzes ciselés et dorés, figurines d'anges, emblèmes religieux, gaines à volutes, feuillages, etc. Œuvre remarquable de l'époque Louis XIV. — Haut., 1 m. 60 cent.

54 — Deux râpes à tabac en ivoire sculpté, de l'époque Louis XV.

55 — Médaillon en bois finement sculpté : tête de guerrier casqué. Cadre ivoire. Époque Louis XVI.

56 — Armoirie en buis sculpté du xviiie siècle, dans un cadre en ivoire.

57 — Statuette de Vierge en ivoire. xviie siècle.

58 — Pomme de rampe en bronze. Époque Louis XIV.

59 — Deux couteaux de l'Empire, à manches de nacre et garniture en vermeil.

60 — Médailles et petits objets en bronze.

61 — Bijoux : collier, pendants d'oreilles, boucles, breloques, etc.

62-63 — Deux jardinières anciennes en cuivre repoussé.

64 — Petit vitrail rectangulaire. Cartouche à inscription soutenu par deux génies, date 1634.

65 — Serrures du xvie siècle, provenant de coffres.

66 — Crémaillère et landiers en fer forgé, anciens.

67-68 — Landiers en fonte, de style gothique, variés de modèle.

69 — Deux vases balustres en émail cloisonné du Japon.

70 — Verrerie. Chopes, vases couverts, verres à pied de plusieurs dimensions, en verre gravé de Bohême.

71 — Objets divers.

BRONZES D'ART ET D'AMEUBLEMENT

PENDULES

72 — Deux candélabres Louis XVI, à trois branches porte-lumières en bronze doré, supportées par des statuettes de femmes en bronze vert sur socles de marbre blanc, garnis d'une frise d'enfants en bronze vert et de ceintures de feuilles en bronze doré. — Haut., 74 cent.

73 — Pendule-applique Louis XVI, en bois sculpté et doré, à cadran supporté par des zéphirs en pleurs et surmonté d'un groupe de divinités de la Fable.

74 — Grande pendule Louis XV et sa console-applique, plaquées de corne verte et garnies de rinceaux et de rocailles en cuivre.

75 — Pendule de style Louis XVI, en bronze doré : « l'Étude »,
sur socle oblong en marbre blanc garni de postes de bronze.

76 — Pendule Louis XV et sa console-applique en marqueterie de
cuivre sur écaille, enrichies de cuivres à motifs de rocailles.
Elle est surmontée d'une figurine d'enfant tenant un parasol.

77 — Deux chenets Renaissance en bronze, à figures mythologiques : Jupiter et Vénus, sur vases à trépieds supportés par
des bases à mascarons, guirlandes et dauphins. — Haut.,
85 cent.

78 — Deux chenets Renaissance, à figures allégoriques sur bases
à dauphins, mascarons et figurines d'enfants. — Haut.,
68 cent.

79 — Plusieurs paires de chenets de style Louis XIV.

80 — Deux chandeliers en bronze, à tige fusclée, ornée d'acan-·
thes et de têtes de femmes, et reposant sur des pieds figurés
par des anges en prières. Style Renaissance.

81 — Statuette en bronze, de chez Barbedienne : Vénus drapée,
d'après l'antique.

82 — Diane chasseresse, bronze d'après l'antique, de chez Barbedienne.

83 — Pandore, statuette en bronze, d'après Pradier.

84 — Pendule : Jeune Fille endormie, accoudée sur un tambourin,
dans lequel est placé le cadran; d'après le modèle de Clo-
dion, du musée du Louvre.

85 — Cartel Louis XVI, à vase et guirlandes.

86 — Paire d'appliques en bronze doré, à deux lumières chacune.
Style Louis XV.

87 — Cartel en bronze doré, style Louis XVI, modèle à vase et
guirlandes.

88 — Pendule-borne Empire, en marbre jaune de Sienne, avec groupe de bronze : l'Amour et Psyché.

89 — Petite pendule carrée en noyer, surmontée d'une statuette, ronde bosse : le Penseur, d'après Michel-Ange.

90 — Deux canards formant brûle-parfums, en bronze de la Chine, sur socle en bois sculpté.

91 — Deux candélabres à bouquets de six lumières, supportés par six éléphants. Style Louis XV.

92 — Pendule en poirier charbonné, décorée de trois statuettes, d'après Michel-Ange : le Penseur, le Jour et la Nuit.

93 — Pendule en bronze : le Temps.

94 — Plusieurs lustres en cuivre, de style flamand.

95 — Petit lustre de style Louis XIV, garni de cristaux, étoiles, pendeloques et cordons de perles.

96 — Garniture de cheminée, pendule à figures d'enfants et deux candélabres bouquets de lis, en bronze doré et porcelaine gros bleu.

97 — Deux candélabres bouquets de lis à trois lumières, sur vase de style Louis XVI, à corps ovoïde en verre bleu.

98 — Deux termes de femmes tenant des fleurs et des fruits, portant des corbeilles sur la tête, et personnifiant l'Été et l'Automne.

99 — Statuette de fillette envoyant un baiser; bronze de A. Gaudez.

100 — Deux vases de style antique, à pourtour décoré de figures en bas-relief, sur socles circulaires en poirier noirci, à tore de laurier.

101 — Deux statuettes de femmes drapées à l'antique et portant des amphores sur les épaules.

102 — L'Empereur Vespasien, buste en bronze, grandeur nature, sur piédouche de marbre blanc.

103 — Bacchus indien, statuette en bronze de Barbedienne.

104 — Autre statuette, de chez Barbedienne.

105 — Groupe en bronze : Paul et Virginie, de Cumberworth.

106 — Moïse, de Michel-Ange; réduction Sauvage.

107 — Groupe en bronze, de chez Barbedienne : l'Amour et Psyché, d'après l'antique.

108 — Plusieurs petits bronzes.

109 — Coupes, encriers, vases, etc.

SCULPTURES EN MARBRE

110 — MARBRE BLANC. L'Amour endormi; belle statuette attribuée à *François Flamand*. — Haut., 32 cent.; larg., 58 cent.

111 — MARBRE ANTIQUE. Buste de femme, grandeur nature, les cheveux ondulés, vêtue d'une tunique. Travail romain.

112 — MARBRE BLANC. Petit buste d'enfant, la bouche ouverte. Sculpture attribuée à *François Flamand*.

113 — TERRE CUITE. Petit groupe : Jupiter et Ganymède. Sculpture de la fin du XVIIIe siècle.

114 — MARBRE BLANC. Taureau debout. Style antique.

115 — MARBRE BLANC. Tête d'homme laurée, les yeux fermés. Provenant d'une figure tombale.

116 — MARBRE BLANC. Groupe de trois figures de femmes adossées, drapées à l'antique et tenant divers attributs.

117 — Petit socle cylindrique en granit rose d'Orient, avec corniche et base à moulures en bronze.

118 — Deux tablettes rectangulaires de granit rose d'Orient.

119 — MARBRE BLANC. Statuette d'Arthémise. Travail de la fin du XVIIIᵉ siècle.

120 — MARBRE BLANC. Buste de femme, grandeur nature, élégante toilette de l'époque Louis XIII. Travail du temps.

SCULPTURES EN BOIS

PANNEAUX, CARIATIDES, DOCUMENTS

121 — FAÇADE *de la Maison Abbatiale des Dames de Saint-Amand de Rouen*, composée de deux étages à panneaux de menuiserie sculptés, figurant des fenestrages gothiques, et séparés par des montants et des contreforts. Cette maison de bois fut construite sous le gouvernement de l'abbesse Thomasse Daniel, élue en 1475 et morte en 1482.

Elle a été publiée dans le Dictionnaire raisonné d'architecture de Viollet-le-Duc.

Le rez-de-chaussée en maçonnerie de cette maison est conservé dans les chantiers de la maison Mazaroz. L'acquéreur aura la faculté d'en prendre livraison. — Hauteur approximative, non compris le rez-de-chaussée : 11 m.; larg., 10 mètres.

122 — Deux cariatides : l'Architecture et la Sculpture personnifiées par des figures de femmes richement vêtues et se terminant en gaines, décorées de mascarons, de cartouches, de draperies, et reposant sur un piédestal sculpté. Ces cariatides peintes et rehaussées d'or rappellent les œuvres de *De Vries* et portent la date 1602. — Haut., 3 mètres; larg., 65 cent.

123 — Statue en bois sculpté : l'Espérance, sous les traits d'une femme drapée, appuyée sur une ancre. Travail français du XVIIᵉ siècle.

124 — Figure allégorique de femme drapée et tenant une couronne. XVIIe siècle.

125 — Deux grandes et belles colonnes en bois à chapiteaux corinthiens, fûts à cannelures rudentées, bases creusées de canaux obliques et décorées à la partie inférieure de feuilles d'acanthe. Ces colonnes, de l'époque Louis XVI, remarquables par le travail de sculpture et d'assemblage, proviennent de l'hôtel du duc d'Uzès. — Haut., 4 m. 40 cent.

126 — Deux colonnes du XVIIe siècle, entourées de rinceaux et de pampres et surmontées de chapiteaux corinthiens. — Haut., 3 m. 30 cent.

127 — Deux colonnes torses Louis XIII, décorées d'un feston de vigne et à chapiteaux corinthiens. — Haut., 2 m. 70 cent.

128 — Quatre cariatides chimériques sur gaines à mascarons et pentes de fruits. Travail allemand de la fin du XVIe siècle. — Haut., 2 mètres.

129 — Balustrade ancienne en chêne, surmontée à une extrémité d'un lion héraldique.

130 — Deux portes du commencement du XVIe siècle, en chêne sculpté, formées chacune de quatre panneaux à entrelacs et fleurons gothiques. — Haut., 1 m. 35 cent.; larg., 60 cent.

131 — Panneau de lambris, décoré d'un trophée d'objets religieux. Époque Louis XIV.

132 — Deux belles cariatides de femmes, les bras surélevés supportant des chapiteaux ioniques et se terminant en gaine à mufles de lions et draperies. — Haut., 2 m. 25 cent.

133 — Deux cariatides : masque chimérique au sommet d'une gaine à retombée de fruits et écharpes drapées. — Haut., 1 m. 10 cent.

134 — Devant de coffre composé de fenestrages et de meneaux **gothiques.**

135 — Devant de coffre de la Renaissance décoré de huit figures en bas-relief.

136 — Deux petits panneaux de meuble Louis XIV, vase sous un dais dans un encadrement de rinceaux.

137 — Panneau gothique à fenestrages et roses découpés à jour.

138 — Devant de coffre Renaissance offrant trois figures sous des arcades.

139 — Cinq dessus de portes du temps de Louis XVI, à trophées d'attributs et d'instruments de musique, sculptés et dorés sur fond peint en blanc, dans des cadres à canaux.

140 — Beau petit panneau en noyer, du xvie siècle, représentant une figure de femme vêtue à l'antique et tenant un vase de fleurs, auprès de panoplies d'armures.

141 — Petit panneau à motif architectural, mascarons, guirlandes et chimères; copie d'un panneau Renaissance de la collection Goupil.

142 — Deux panneaux en hauteur, à médaillons-bustes, feuillages symétriques et têtes de chimères. xvie siècle.

143 — Cariatide : terme d'homme les bras surélevés dans une gaine, en partie rétablie. xvie siècle. — Haut., 1 mètre.

144 — Deux cariatides de femmes supportant des chapiteaux. — Haut., 1 m. 5 cent.

145 — Deux cariatides : termes dans des gaines à mascaron et pentes de fruits. Époque Louis XIII. — Haut., 1 m. 60 cent.

146 — Porte d'armoire en noyer finement sculpté. Époque Louis XIV.

147-148 — Deux portes variées de dessin en chêne sculpté, de style Louis XIV. Modèles. — Haut., 2 m. 50 cent.; larg., 82 cent.

149 — Deux portes d'armoires, bossages à facettes de diamants, moulures ornées. Style Louis XIII.

150 — Devant de coffre Renaissance en noyer sculpté : chimères affrontées et vases entre des enfants tenant des pampres.

151 — Dessus de dressoir formé d'un beau panneau sculpté à cuirs, masque de Méduse et feuillages, entre deux colonnes cannelées avec embase et tablette supérieure.

152 — Beau panneau de trumeau en chêne sculpté à grandes rosaces, écoinçons, moulures et motifs d'encadrement. Époque Louis XIV.

153 — Bois sculpté : Statuette de saint Luc.

154 — Quatre petits panneaux de meuble en hauteur, du xviᵉ siècle : bustes de profil, sur des écus supportés par des enfants dans des motifs de rinceaux.

155 — Deux autres, médaillons-bustes en regard, rinceaux et feuillages. xviᵉ siècle.

156 — Devant de coffre à bustes de guerriers en regard, sous des arceaux ornementés. xviᵉ siècle.

157 — Deux panneaux de meuble, figures allégoriques en des médaillons ovales, génies et rinceaux Renaissance.

158 — La Vierge noire, ancienne statuette en bois sculpté, peint et doré.

159 — Support de l'Empire en bois sculpté et partiellement doré, décoré d'aigles et de figures égyptiennes.

160 — Poirier sculpté : Statuette de pêcheur. — Haut., 1 m. 50 cent.

161 — Statuette : la Vierge au lis. Style du xvᵉ siècle.

162 — Statuette de saint Étienne, en bois doré, du xviiᵉ siècle, dans une niche en chêne de style Renaissance et reposant sur un piédestal quadrangulaire.

163 — Cadre sculpté à tortils de rubans et coins à feuilles d'acanthe ; il contient une gravure.

164 — Bas-relief rectangulaire, en largeur, représentant la Cène. xviie siècle.

165 — Bas-relief en bois peint et doré : personnages tirant de l'arc. xve siècle.

166 — Bas-relief : la Cène, reproduction de celui catalogué sous le n° 164.

167 — Deux montants en bois sculpté du xvie siècle, à figures, draperies, masques chimériques.

168 — Panneau en noyer sculpté de style Renaissance, représentant une figure de Source au milieu de festons de feuillages, entremêlés de génies, de mascarons, etc. ; cadre en bois noir.

169 — Groupe ronde bosse en chêne : Amours se disputant une rose. Travail moderne.

170 — Deux groupes d'oiseaux en noyer sculpté. Modernes.

171 — Bas-relief en noyer, oiseau et belette. Moderne.

172 — Deux panneaux en noyer, vases de fleurs sous des arcades.

173 — Quatre cariatides (modèles), de deux dimensions.

174 — Lion héraldique, assis et soutenant un écu armorié, bleu et or.

175 — Console-applique en bois sculpté dans le style de la Régence, à tablette contournée supportée par deux dragons.

176 — Bas-relief ovale : bouquet de fleurs en bois sculpté, dans un cadre octogone de bois noir.

177 — L'Amour endormi, statuette en noyer sculpté, d'après François Flamand.

178 — Deux statuettes en chêne : Joueurs de musette assis et formant cariatides. Travail moderne de style Renaissance.

179 — Cadre de glace, en bois sculpté, formé de plantes aquatiques. Style Louis XV.

180 — Cadre de glace en bois sculpté, à couronnement cintré. Époque Louis XIV.

181 — Fronton de glace Louis XIV sculpté et doré, instruments de musique, corbeille de fleurs et rinceaux.

182 —. Quatre sphinx en bois peint et doré de l'Empire.

183 — Figures d'anges en bois doré de la Renaissance.

184 à 264 — Devants de coffres, frises, montants, panneaux de meuble, frontons, cariatides, consoles, mascarons, appliques, etc., du xve au xviiie siècle.

265 à 315 — Environ cinquante lots de panneaux et d'ornements, frises, montants, cariatides, etc., depuis le xve siècle jusqu'à l'époque Louis XVI.

316 à 335 — Cinquante panneaux à figures et ornements de la fin du xve et du xvie siècle, dont quelques-uns sont intéressants.

336 — Lots de petits panneaux à fenestrages gothiques.

337 — Lots de cariatides.

338 — Lots de colonnes Renaissance.

339 — Lots de colonnes torses.

MEUBLES D'ART ANCIENS ET DE STYLE

340 — Meuble du xvie siècle, à deux corps, en noyer sculpté, à cariatides, feuillages et rinceaux. Les vantaux supérieurs sont décorés de motifs d'architecture, ceux du bas de masques en haut-relief. — Haut., 1 m. 71 cent. ; larg., 1 m. 20 cent.

341 — Beau meuble hollandais en marqueterie de bois clairs, offrant sur la face des colonnes annelées engagées, des ornements sculptés et des motifs d'architecture sur chacune des deux portes. La frise porte la date de 1674. — Haut., 2 m. 20 cent.; larg., 75 cent.

342 — Crédence-dressoir du temps de Louis XIII, en noyer sculpté, à pilastres feuillagés, godrons, modillons, etc. — Haut., 2 m. 30 cent.; larg., 1 m. 5 cent.

343 — Crédence de style gothique, à colonnettes, portes et tiroirs et côtés, formés de panneaux du xve siècle, à nervures ogivales. — Haut., 1 m. 60 cent.; larg., 1 m. 50 cent.

344 — Crédence en noyer, style Ducerceau, cantonnée de colonnes cannelées ; les deux vantaux, séparés par une cariatide, sont formés de panneaux du xvie siècle, en chêne, représentant des amours, des armures et des oiseaux. — Haut., 1 m. 70 cent.; larg., 1 m. 35 cent.

345 — Cabinet Louis XIII en bois gravé et noirci, à moulures guillochées, avec deux bas-reliefs sur les portes : l'Adoration des Mages et l'Adoration des bergers ; l'intérieur à tiroirs et réduits est décoré de deux statuettes en ivoire : Mars et Minerve, abritées dans des niches flanquées de pilastres. — Haut., 1 m. 82 cent.; larg. 1 m. 35 cent.

346 — Meuble à deux corps en chêne, style du xvie siècle. Les vantaux du corps supérieur sont ornés de figures de nymphes d'après Jean Goujon, ceux du corps inférieur de candélabres et de rinceaux feuillagés. — Haut., 1 m. 83 cent. ; larg., 1 m. 20 cent.

347 — Meuble en noyer sculpté, dans le style de la Renaissance, à colonnettes d'angles, statuettes de guerriers et figures d'anges. Le bas ouvre à deux portes pleines décorées de rinceaux, de fruits, d'oiseaux. Deux tiroirs à bas-reliefs, personnages attablés, surmontent les portes. Au dessus, deux autres portes vitrées sont séparées par une figure de saint Georges

abritée sous un arceau gothique. — Haut., 2 m. 15 cent. ;
larg., 1 m. 65 cent.

348 — Meuble à deux corps, style Renaissance, en noyer ; les
portes de la partie supérieure sont décorées de figures de
Sources, d'après Jean Goujon ; celles du bas présentent des
rinceaux et des dauphins. — Haut., 1 m. 90 cent.; larg., 1 m.

349 — Crédence, style Ducerceau, à colonnettes, et porte ornée
d'une figure allégorique en bas-relief : la Guerre placée entre
deux niches. Ce meuble, dont quelques parties ont été rétablies,
est enrichi de plaquettes de marbre vert de mer. — Haut.,
1 m. 63 cent. ; larg., 1 m. 5 cent.

350 — Crédence en noyer sculpté à pilastres, moulures ornées et
médaillons à mascarons et chimères. — Haut., 1 m. 70 cent.;
larg., 1 m. 43 cent.

351 — Meuble à deux corps, en noyer, à figures mythologiques sur
les vantaux ; il est surmonté d'un fronton entrecoupé, style
Jean Goujon. — Haut., 2 m. 20 cent. ; larg., 1 m.

352 — Crédence de style Renaissance, en noyer, à pilastres, pal-
mettes et fleurons ; sur les vantaux sont appliqués deux bas-
reliefs : Nymphes de la Seine, en bronze de chez Barbedienne.
— Haut., 1 m. 85 cent. ; larg., 1 m. 20 cent.

353 — Petite crédence ouvrant à deux portes et deux tiroirs, sur
console à fond plein, à décor de godrons, canaux et mascarons, de style Louis XIII. — Haut., 1 m. 48 cent.; larg.,
1 m. 5 cent.

354 — Crédence de style Louis XIII, en noyer sculpté, à pilastres,
godrons et moulures ornées. — Haut., 1 m. 55 cent. ; larg.,
1 m. 5 cent.

355 — Dressoir de style Henri II, à deux corps composés chacun
de colonnes reliées par des arcades. — Haut., 1 m. 65 cent.;
larg., 1 m. 40 cent.

356 — Meuble à hauteur d'appui, formant coffre, en chêne décoré
de panneaux à fenestrages gothiques (en partie du xve siècle),
avec serrure et armature en fer. — Haut., 1 m. 25 cent.;
long., 1 m. 60 cent.

357-358 — Coffret d'antichambre en bois sculpté, de style
Louis XIII.

359 — Grand et très beau lit à colonnes et baldaquin en bois de
chêne sculpté, d'une grande richesse d'ornementation et d'un
remarquable travail. C'est une reproduction exacte du lit du
musée de Cluny. — Haut., 2 m. 75 cent. ; long., 2 m. 30 cent.;
larg., 1 m. 70 cent.

360 — Lit pareil au précédent.

361 — Belle console de l'époque Louis XIV, en bois sculpté, à
ornements dorés sur fond peint blanc, d'un élégant modèle à
tablier découpé à jour, pieds quadrangulaires reliés par des
croisillons contournés supportant un vase. Les ornements de
la ceinture et du quart de rond sont en pâte. Cette console
primitivement à trois faces a été transformée en table au
moyen d'une face rapportée. Elle provient du château de
Bercy et a fait partie de la collection Sechan. — Haut.,
1 m. 60 cent. ; larg., 80 cent.

362 — Table en noyer sculpté. Reproduction du n° 361.

363 — Grande console de style Louis XV, peinte en blanc et à
dessus de marbre blanc. — Long., 1 m. 35 cent.

364 — Console rectangulaire, à pieds arqués, de l'époque
Louis XIV, en bois sculpté, à ornements dorés ressortant sur
champ peint blanc; les pieds sont reliés par un croisillon.
Dessus en marbre. — Long., 1 m. 28 cent.

365 — Console demi-lune en bois sculpté et peint, à pieds canne-
lés. Époque Louis XVI.

366 — Console en chêne, de style Louis XVI, à médaillon-buste,

entrelacs, fleurs, tablier découpé à jour. Les pieds contournés convergent vers la base et sont reliés par une coquille supportant un vase.

367 — Lit de milieu en bois sculpté et doré, cantonné de colonnes ioniques supportant des panaches ; le panneau de chevet est surmonté d'une couronne de laurier et de guirlandes de roses. Il est tendu en étoffe brochée à fleurs. Style Louis XVI.

368 — Console style Louis XVI, en bois sculpté, peinte blanc et bleu, à dessus de marbre blanc. — Larg., 1 mètre.

369 — Meuble à hauteur d'appui et à portes vitrées, en bois sculpté, noir et or. Dessus en marbre portor. — Larg., 1 m. 7 cent.

370 — Console en bois sculpté et à fond plein, d'un élégant modèle, dans le style Louis XIV, à mascarons, tablier ajouré, pieds carrés et entretoise. Dessus en marbre griotte. — Long., 1 m. 30 cent.

371 — Console Louis XV en bois sculpté, à ceinture découpée à jour. Dessus en marbre. — Larg., 80 cent.

372 — Console Louis XV en bois sculpté et doré, à feuilles d'acanthe, rubans et guirlandes de laurier. Dessus en marbre gris.

373 — Chaise longue de forme contournée, de l'époque Louis XV, en bois sculpté et doré, recouverte en ancien satin gris perle, décoré de festons de fleurs en broderie de soies multicolores. — Long., 2 m. 10 cent.

374 — Commode de l'époque Louis XIV, décorée, dessus, devant et sur les côtés, de vases et motifs de fleurs en marqueterie de bois de couleurs. — Long., 1 m. 20 cent.

375 — Belle commode de l'époque Louis XIV, richement décorée en marqueterie de cuivre sur écaille rouge, de figures mythologiques, d'amours, d'entrelacs et de rinceaux, mascarons, entrées, poignées et sabots en bronze. — Long., 1 m. 20 cent.

376 — Belle commode de style Louis XVI, à décor de bouquets, de guirlandes et de vases en marqueterie de bois, richement garnie de bronzes ciselés et dorés et à dessus de marbre blanc. — Long., 1 m. 40 cent.

377 — Petit meuble à deux vantaux, style Louis XV, en bois doré et à panneau de laque dans le style des laques de Coromandel. Dessus en marbre portor. — Haut., 96 cent. ; larg., 1 m. 5 cent.

378 — Meuble en bois noir, à côtés concaves et à deux vantaux, encadrés de colonnes détachées ; il est enrichi de bronzes dorés et de plaquettes en marbre de Florence. Dessus en marbre portor. — Haut., 1 m. 30 cent.; larg., 1 m. 70 cent.

379 — Commode Louis XV en noyer, à angles cintrés décorés de fleurettes sculptées ; poignées en cuivre.

380 — Grande porte en chêne sculpté, de style Renaissance, à deux battants décorés de colonnes engagées de rinceaux et draperies. Le chambranle est formé de pilastres supportant un riche entablement. — Haut., 3 m. 45 cent. ; larg., 2 m. 30 cent.

381 — Grande porte en noyer, de style Louis XIV, à deux battants ornés de moulures et de motifs sculptés ; elle est surmontée d'un attique flanqué de consoles renversées. — Haut., 3 m. 60 cent. ; larg., 1 m. 80 cent.

382-383 — Deux modèles d'attiques en chêne sculpté, l'un de style Renaissance, l'autre à médaillon-buste de style Louis XIII.

384 — Partie supérieure d'un battant de la porte d'honneur de l'Hôtel de ville de Paris, exécutée sur les dessins de MM. Ballu et Deperthes, et les modèles de M. Legrain, par Mazaroz. (Modèle).

385 — Deux piédestaux circulaires en chêne sculpté, à décor de guirlandes de fruits. (Ce sont les modèles des bases des

colonnes qui se trouvent dans la salle à manger de l'Hôtel de ville).

386 — Grande et belle porte à deux battants en chêne sculpté dans le style du xvie siècle, décorée de motifs à arabesques, oiseaux affrontés, etc.; le chambranle simule une arcade gothique flanquée de contreforts à pinacles et surmontée d'une arcature. — Haut., 3 m. 65 cent. ; larg., 1 m. 90 cent.

387 — Panneau de lambris en chêne sculpté, à arcades gothiques à la partie supérieure et panneaux à serviettes repliées dans le bas. — Haut., 2 mètres; larg., 88 cent.

388 — Balustrade d'escalier en noyer sculpté, à colonnettes cannelées et accouplées, supportant des arcades à plein cintre ; le pilier de départ, orné de guirlandes et de feuilles, est surmonté d'un vase plein de fleurs. Style Louis XVI.

389 — Petite console, demi-lune en noyer sculpté, à ceinture ornée de canaux et de feuilles, portant sur un seul pied.

390 — Armoire normande Louis XVI en chêne sculpté, à perles, tortils de rubans, pampres, instruments de musique. — Haut., 2 m. 35 cent. ; larg., 1 m. 40 cent.

391 — Armoire Louis XIV à deux corps ; le bas à portes pleines ornées de trophées d'instruments de musique, le haut à portes vitrées. — Haut., 2 m. 50 cent. ; larg., 1 m. 35 cent.

392 — Ancien traîneau en forme de cheval marin, rouge, noir et or, transformé en jardinière.

393 — Écran en noyer sculpté, style Louis XIII, avec feuille en tapisserie.

394 — Bureau plat à pieds cambrés, en palissandre et bois rose, garni de cuivre. Style Louis XV.

395 — Cabinet espagnol de l'époque Louis XIII, en bois gravé.

396 — Petit lit d'enfant en noyer, à ornements sculptés. Époque Louis XVI.

397-398 — Deux secrétaires-chiffonniers Louis XVI, acajou avec baguettes de cuivre.

399 — Petit secrétaire Louis XVI d'enfant, en bois satiné et marqueterie de bois clairs; dessus de marbre blanc à galerie de cuivre. — Haut., 64 cent.

400 — Petit meuble à bijoux, en forme de commode en palissandre et bois de violette, de style Louis XIV; dessus de marbre blanc.

401 — Bureau de style Louis XV de forme contournée, en bois de violette garni de cuivres dorés.

402 — Lit portugais Louis XIII, à colonnes et balustres tors, en palissandre ciré.

403 — Lit Louis XV, en bois sculpté, à chevet composé de rocailles et de moulures mouvementées.

404 — Lit Renaissance à colonnes.

405 — Lit breton avec portes à coulisses ornées de rosaces et de rangées de balustres.

406 — Table Renaissance portant sur deux supports à volutes, acanthes et griffes de lions, consolidés par deux branches de fer doré.

407 — Petite table Renaissance (partie ancienne) sur piètements à colonnettes cannelées.

408 — Gaine d'horloge, en bois noir garni d'appliques en bronze, et surmontée d'une figure de la Renommée. Style Louis XIV. — Haut., 2 m. 30 cent.

409 — Entredeux de style Louis XVI, plaqué de bois satiné, de bois de violette et d'amarante, et orné sur la porte d'un trophée d'attributs; il est garni de cuivres; dessus en marbre blanc.

410 — Entredeux de style Louis XVI, à coins arrondis et can-

nelés, bois rose et palissandre, décoré sur les deux vantaux de vases de fleurs, et, sur la frise, d'un bas-relief antique, en bronze doré. Tablette en marbre bleu turquin.

411-412 — Deux étagères de style japonais en palissandre, ornées de panneaux japonais à branches de fleurs et papillons en incrustations de nacre et de pierres de couleurs.

413 — Coffret en marqueterie, à rinceaux Louis XIII sur fond de palissandre.

CHEMINÉES

414 — Très belle cheminée monumentale, en poirier sculpté et charbonné de style Renaissance; le corps inférieur est cantonné de colonnes dégagées, supportant un entablement dont la frise est incrustée de plaquettes en lapis, alternant avec des triglyphes. Sous la frise, un remarquable panneau en poirier naturel, finement sculpté, montre une figure de faune, des cornes d'abondance et des rinceaux symétriques.

Le corps supérieur, en retrait, est décoré d'une grande plaque ovale peinte en émail, sur paillons, signée *L. D. Limoges*, et représentant Diane au repos. Douze médaillons circulaires, figurant les signes du zodiaque peints sur émail, forment l'encadrement de la plaque. La frise est décorée de têtes de cerfs et surmontée d'un fronton composé d'enfants chasseurs, de chiens, de canards et sculptés en haut-relief. — Haut., 4 m. 15 cent.; larg., 1 m. 76 cent.

Cette cheminée a figuré à l'Exposition Universelle de 1867.

415 — Belle cheminée en noyer sculpté, d'une riche ornementation : gaines à mufles de lions et feuillages adossés aux montants; cartouche rocaille et branches de fleurs sur le bandeau. Reproduction d'une cheminée de l'hôtel du duc de Choiseuil. — Haut., 1 m. 35 cent.; long., 1 m. 96 cent.

416 — Cheminée en chêne sculpté, pareille à la précédente, mais un peu plus grande. — Haut., 1 m. 46 cent. ; long., 2 m. 7 cent.

417 — Grande et belle glace à biseau dans un cadre de noyer sculpté orné de baguettes en faisceau de feuilles et surmontée d'un couronnement à cartouche et guirlandes. Cette glace peut accompagner l'une ou l'autre des cheminées qui précèdent. — Haut., 2 m. 95 cent. ; larg., 2 mètres.

418 — Grande cheminée, d'ordonnance architecturale, en noyer à pilastres, consoles, frise ornée. Elle est surmontée d'un encadrement à cariatides et entablement, destiné à contenir une glace ou une peinture. — Haut., 3 m. 90 cent.; long., 2 mètres.

419 — Grande cheminée en noyer sculpté, à corniche saillante supportée par deux gaines à mufles de lions et feuilles d'acanthe, adossées aux montants et reliées par une frise de rinceaux et de chimères. — Haut., 1 m. 75 cent.; larg., 2 m. 35 cent

420 — Encadrement monumental, surmontant la cheminée précédente, contenant un panneau d'ancienne tapisserie à figure de femme dans un parc, et à montants formés de grandes et belles cariatides en noyer. — Haut., 3 m. 10 cent.

421 — Cheminée d'aspect monumental et de style Renaissance, en noyer sculpté, surmontée d'un encadrement à cariatides, pentes de fruits et fronton. — Haut., 3 m. 45 cent.; larg., 1 m. 45 cent.

422 — Cheminée en chêne sculpté, style Renaissance, à gaines, consoles, feuille, rinceaux et dauphins, surmontée d'une glace dans un encadrement à voussure et dais. — Haut., 3 m. 15 cent.; larg., 1 m. 55 cent.

423 — Cheminée en chêne à colonnes angulaires supportant un entablement décoré de plaquettes de marbre et de triglyphes

et sous lequel est placée une grande plaque de faïence représentant un paysage. —Haut., 1 m. 70 cent.; larg., 1 m. 30 cent.

424 — Cheminée en noyer sculpté avec grande glace à pilastres et corniche. — Haut., 3 m. 25 cent.; larg., 1 m. 40 cent.

GLACES

425 — Grande glace cintrée du haut, dans un cadre de style Louis XVI blanc, bleu et or, à perles et rubans enroulés. Des festons de roses retombent sur la partie supérieure de la glace que surmontent les emblèmes de l'amour.—Haut., 2 m. 85 cent.; larg., 1 m. 35 cent.

426 — Joli miroir de toilette, à cadre ovale en bois sculpté et doré de style Louis XVI, à feuilles d'eau, rubans, emblèmes de l'amour et guirlandes de roses. Il s'appuie sur un chevalet en acajou. — Haut., 70 cent.

427 — Glace étroite dans un cadre Louis XVI en bois sculpté avec couronnement à rinceaux. — Haut., 2 mètres ; larg., 38 cent.

428 — Glace dans un cadre de style Louis XV en bois sculpté, blanc et or. — Haut., 1 m. 80 cent.; larg., 1 m. 28 cent.

429 — Glace à biseau dans un cadre du xviie siècle, surmonté d'un fronton à figures d'amours et rinceaux.

430 — Plusieurs glaces de style Louis XIII à encadrements de glaces avec moulures de bois noir et appliques en cuivre estampé.

MOBILIERS

431 — Grand sidboard (buffet anglais) en noyer sculpté avec incrustations de citronnier et de bois noir. Le corps inférieur, à côtés cintrés, ouvre à quatre portes surmontées de tiroirs,

Au-dessus se dresse une grande glace, dans un encadrement monumental à corniche cintrée, flanquée de colonnes détachées, avec entablement à ressauts supportés par des cariatides. Un cartel de bronze décoré d'une statuette de la Renommée est suspendu sur la glace. — Haut., 3 m. 65 cent.; long., 2 m. 25 cent.

432 — Grand buffet monumental (sidboard) en noyer d'Amérique, à cariatide et glace cintrée par le haut. — Haut., 3 m. 10 cent.; larg., 2 m. 40 cent.

433 à 442 — Grands buffets à deux corps, de divers styles, décorés de sculptures, en noyer, bois charbonné, etc.

443 à 448 — Tables à découper en bois noir et noyer.

449 à 457 — Grands buffets-dressoirs en noyer et en chêne sculpté de style Renaissance, variés de modèles.

458 à 469 — Tables de salle à manger, chêne et noyer.

470 à 477 — Dressoirs-étagères et tables à découper.

478 — Grand meuble à deux corps en poirier sculpté et charbonné, orné de baguettes de cuivre; le bas à côtés arrondis est à portes pleines; le haut, cantonné de colonnes cannelées, forme vitrine à fond de glace. — Haut., 3 m. 10 cent.; larg., 2 m. 40 cent.

479 — Meuble dressoir en noyer sculpté dans le style du XVIᵉ siècle, avec panneau de fond à voussure, corniche et lambrequin. — Haut., 2 m. 85 cent.; larg., 1 m. 15 cent.

480 — Dressoir en noyer à panneaux sculptés et cariatides, colonnettes et étagères à balustrades. — Haut., 2 m. 90 cent.; larg., 1 m. 15 cent.

481 — Bibliothèque à deux corps, poirier noirci à ornements sculptés et pilastres; le bas à deux vantaux et deux tiroirs, le haut à portes vitrées. — Haut., 2 m. 75 cent.; larg., 1 m. 50 cent.

482 — Petit meuble crédence, à deux corps, en chène, vitré dans la partie supérieure.

483 à 497 — Grands meubles et buffets à deux corps, vitrés dans le haut ou bien avec glaces et étagères, en chêne, noyer, poirier noirci, etc.

498 à 500 — Bibliothèques.

501 — Grande bibliothèque en poirier noirci, de style Renaissance, le bas à quatre vantaux et quatre tiroirs; le corps supérieur à quatre portes vitrées, encadrées de colonnettes. La corniche est surmontée d'un fronton cintré. — Haut., 3 m. 50 cent.; larg., 2 m. 55 cent.

502 — Bibliothèque en chène à deux corps, cantonnés de colonnettes; le bas à trois portes pleines et tiroirs; le haut à trois portes vitrées. — Haut., 2 m. 70 cent.; larg., 2 m. 15 cent.

503 — Grand meuble à deux corps en noyer, à coins arrondis, le bas à cinq portes et autant de tiroirs, le haut à trois portes vitrées, flanqué d'étagères. — Haut., 3 m. 30 cent.; larg., 2 m. 70 cent.

504 à 506 — Trois grands buffets en noyer sculpté dont **deux** avec glaces.

507 à 509 — Trois petits buffets-étagères.

510 à 533 — Vingt-quatre tables de salle à manger, à allonges, de modèles et de dimensions variés, en chêne, noyer, acajou, bois noirci; rondes, carrées, ovales.

534 — Petite vitrine en hauteur, à contours, en palissandre, garnie de cuivres, intérieur tendu de peluche rouge avec trois tablettes en glace. — Haut., 1 m. 70 cent.; larg., 85 cent.

535 — Petite bibliothèque à deux corps en acajou, garnie de baguettes et de perles en cuivre : le bas à deux vantaux; le haut, en retrait, à portes vitrées. Style Louis XVI. — Haut., 1 m. 92 cent.; larg., 78 cent.

536 à 540 — Cartels de salle à manger en noyer et en chêne sculptés.

541 — Grande armoire de style Louis XV en noyer sculpté à trois portes ; celle du milieu à glace à l'extérieur ; les deux autres à glaces à l'intérieur. — Haut., 2 m. 70 cent.; larg., 2 m. 20 cent.

542-543 — Deux grandes armoires en chêne.

544-545 — Deux vitrines en hauteur, en chêne, le bas à portes et tiroirs ; le haut, à tablettes de glaces, et fond en glace étamée.

546 à 560 — Mobiliers de chambre à coucher : lits, armoires à glaces, tables de nuit, etc., de divers styles, en poirier charbonné, palissandre, acajou, érable, noyer.

561 — Petit meuble, style du xvi° siècle, en noyer sculpté ; le bas à portes ornées, colonnettes d'angles et tiroir à godrons ; le haut, à fond de glace étamée et vitraux de couleurs sur les faces latérales.

562 à 568 — Petites bibliothèques, vitrines, meubles de cabinet, entredeux en bois noir, en noyer, en bois rose et marqueterie, etc.

569 à 614 — Tables de style Renaissance et Louis XIII, à arcades et colonnettes ; petites tables, guéridons, tables à jeu.

615 à 625 — Bureaux plats, bureaux ministres, bureaux à cylindres, etc.

626 à 651 — Lits de style Louis XIV, Louis XV, Louis XVI, en marqueterie, bois sculpté, bois doré, poirier noirci, noyer, acajou, pitchpin, etc.

652 à 660 — Tables-servantes, tables à volets, tables de malades.

661 à 665 — Tables à desservir, dites étagères magiques.

666 à 676 — Tables de salon de divers styles, en bois sculpté, marqueterie, etc.

677 à 682 — Six lits mécaniques américains, simulant des armoires à glaces, de différents modèles, en chêne, en noyer, en pitchpin.

683 — Deux petits piédestaux en acajou, à cannelures foncées de cuivre.

684 — Deux petits piédestaux hexagones en ébène.

685 — Plusieurs petites vitrines plates en bois noir.

686 à 691 — Porte-chapeaux et porte-parapluies en chêne, en noyer, en bois noirci, de différents modèles.

692 à 700 — Petits meubles : tables de dames, tables à ouvrage, en palissandre et en acajou, garnies de cuivre ; coffres de mariage en étoffes sur piétement en noyer, etc.

701 à 710 — Tables de toilette de divers modèles, avec glaces et tablettes, de marbre blanc.

711 — Fûts de colonnes en marbre, en bois, etc.

712 — Grand lit à colonnes en noyer sculpté. Style Renaissance.

713 — Grand lit à colonnes, balustres, tores et rinceaux ajourés en dentelle ; en bois noir.

SIÈGES

714 — Fauteuils et chaises de différents styles, recouverts en tapisserie, en velours, en soies brochées, et sièges capitonnés.

715 — Sièges garnis en cuir noir gaufré. Style portugais.

716 — Chaises de divers modèles, couvertes en cuir peint et doré.

717 — Chaises légères, bois doré, bois courbé, et foncées de jonc, de paille.

718 — Deux cents bois de fauteuils et de chaises, anciens et modernes, servant de modèles, seront vendus sous ce numéro.

TAPISSERIES ANCIENNES

719 — Portière à grands personnages, avec bordure. — Haut.,
3 m. 90 cent. ; larg., 1 m. 85 cent.

720 — Tapisserie à grands personnages, encadrée d'une bordure
de fruits et de fleurs. — Haut., 2 m. 60 cent.; larg., 2 m.
75 cent.

721 — Tapisserie (sans bordure) : trois personnages et un cheval
blanc. — Haut., 2 m. 35 cent.; larg., 2 mètres.

722 — Tapisserie verdure à petits personnages. — Haut., 2 m.
55 cent.; larg., 2 m. 65 cent.

723 — Panneau verdure : Lac avec barque. — Haut., 2 m.
15 cent. ; larg., 65 cent.

724 — Tapisserie verdure gothique, avec bordure. — Haut.,
3 mètres ; larg., 2 m. 70 cent.

725 — Panneau à grands personnages, avec bordure. — Haut.,
2 m. 40 cent. ; larg., 2 m. 10 cent.

726 — Portière: le Jugement de Salomon. — Haut., 3 m. 15 cent.;
larg., 2 m. 25 cent.

727 — Portière formant pendant avec la précédente.

728 — Portière verdure (sans bordure). — Haut., 2 m. 50 cent. ;
larg., 1 m. 10 cent.

729 — Grande tapisserie représentant une bataille auprès d'un
temple. — Haut., 4 m. 10 cent. ; larg., 2 m. 80 cent.

730 — Tapisserie représentant le supplice d'une femme adultère.
— Haut., 2 m. 70 cent. ; larg., 2 m. 80 cent.

731 — Tapisserie verdure avec bergers et bergères, bordure. —
Haut., 2 m. 45 cent. ; larg., 2 m. 20 cent.

732 — Tapisserie d'Aubusson : Triomphateur dans un char ; bordure à feuilles. — Haut., 2 m. 3 cent. ; larg., 3 m. 40 cent.

733 — Tapisserie à sujet Watteau : Pastorale. — Haut., 3 m. 25 cent. ; larg., 2 m. 60 cent.

734 — Tapisserie représentant des guerriers. — Haut., 3 m. 10 cent. ; larg., 3 m. 80 cent.

735 — Tapisserie verdure avec bordure dans le haut. — Haut., 2 m. 65 cent. ; larg., 4 m. 45 cent.

736 — Tapisserie représentant des guerriers, avec bordure. — Haut., 2 m. 60 cent., larg., 2 m. 60 cent.

737 — Belle verdure, bordée sur trois côtés. — Haut., 2 m. 40 cent. ; larg., 3 m. 20 cent.

738 — Tapisserie à personnages (sans bordure).

739 — Tapisserie : Guerriers dans une barque. — Haut., 2 m. 30 cent. ; larg., 3 m. 90 cent.

740 — Tapisserie verdure : Berger et chien, avec bordure. — Haut., 2 m. 80 cent. ; larg., 3 m. 60 cent.

741 — Morceau de tapisserie à personnages. — Haut., 2 mètres ; larg., 40 cent.

742 — Lot de bordures.

743 — Deux morceaux de tapisseries, à figures de guerriers. — Haut., 2 m. 55 cent. ; larg., 35 cent.

744 — Panneau à figures de guerriers. — Haut., 3 mètres ; larg., 2 mètres.

745 — Tapisserie à figures de guerriers, à bordure sur trois côtés.

746 — Lot de fragments de tapisserie.

747 — Tapisserie verdure et animaux, bordée sur trois côtés. — Haut., 2 m. 70 cent. ; larg., 2 m. 90 cent.

748 — Tapisserie à personnages, sans bordure. — Haut., 2 m. 20 cent. ; larg., 2 m. 55 cent.

749 — Tapisserie : Tarquin et Lucrèce, sans bordure. — Haut., 2 m. 20 cent. ; larg., 3 mètres.

750 — Panneau : Femme au perroquet, château. — Haut., 2 mètres ; larg., 2 mètres.

751 — Deux tapisseries : Combats d'animaux. — Haut., 2 m. 90 cent. ; larg., 3 m. 30 cent.

752 — Tapisserie à personnages : Sujet biblique. — Haut., 2 m. 60 cent. ; larg., 2 m. 10 cent.

753 — Tapisserie d'Aubusson : la Confession de saint Jean, avec bordure, à personnages sur les côtés. — Haut., 2 m. 55 cent. ; larg., 2 m. 50 cent.

754 — Tapisserie gothique à personnages. — Haut., 3 mètres ; larg., 4 mètres.

755 — Deux cantonnières à figures d'enfants, perroquets, fruits et fleurs.

756 — Portière : Guerrier à cheval, avec bordure sur trois côtés. — Haut., 2 m. 65 cent. ; larg., 2 m. 20 cent.

757 — Deux portières à personnages, avec bordures au bas.

758 — Grande bande à personnages : Femmes couchées et mascarons aux extrémités. — Long., 4 m. 50 cent.

759 — Dossier de siège en tapisserie, tout soie.

760 — Tapisserie verdure avec bordure à personnages en haut. — Haut., 2 m. 55 cent. ; larg., 95 cent.

761 — Tapisserie : le Jugement de Salomon. — Haut., 2 m. 40 cent., larg., 3 m. 90 cent.

762 — Tapisserie d'Aubusson : Hommes masqués enlevant une femme, bordure sur trois côtés. — Haut., 2 m. 80 cent.; larg., 2 m. 30 cent.

763 — Belle verdure avec bordure. — Haut., 2 m. 10 cent. ; larg., 2 m. 60 cent.

764 — Trois bandes au point, 2 m. 90 cent. de long.

765 — Tapisserie verdure : château, canards dans un étang et avec bordure. — Haut., 2 m. 80 cent. ; larg., 5 m. 70 cent.

766 — Panneau représentant une chasse. — Haut., 2 m. 10 cent.; larg., 1 m.

767 — Panneau : Femmes jouant de la mandoline. — Haut., 2 m. 55 cent. ; larg., 1 m. 10 cent.

768 — Grande tapisserie flamande, à sujet tiré de l'histoire de Méléagre, avec bordure. — Haut., 3 m. 25 cent. ; larg., 2 m. 80 cent.

769 — Autre de la même suite. — Haut., 3 m. 40 cent.; larg., 5 m. 60 cent.

770 — Plusieurs portières d'ancienne tapisserie, à personnages.

771 — Plusieurs tapisseries du xviiᵉ siècle, paysages avec architecture ; verdures et animaux, etc. ; et bordures variées.

TAPISSERIE AU POINT, GUIPURE, ÉTOFFES

772 — Magnifique garniture de lit en tapisserie au petit point, soies et laines multicolores, de l'époque Louis XIV, d'une belle ornementation, composée de sujets à personnages en riches costumes du temps, d'arbustes, de rinceaux fleuris, de figures d'amours, de devises amoureuses, etc., et comprenant : le couvre-lit, le fond de lit, quatre rideaux, le bandeau extérieur très large et un bandeau intérieur plus étroit.

773 — Magnifique garniture de lit en guipure de Venise, à reliefs, du temps de Louis XIII, appliquée sur satin cramoisi et comprenant : un couvre-lit, un fond de lit, quatre rideaux, un bandeau extérieur et un bandeau intérieur.

774 — Deux tapisseries au point à fleurs, en soie sur fond vieil or. — Haut., 2 m. 70 cent.; larg., 2 m. 70.

775 — Deux bandes de tapisserie au point. — Ensemble, 3 m. 95 cent.

776 — Deux bandes de tapisserie au point. — Haut., 35 cent.; larg., 4 m. 10 cent.

777 — Lot de bandes Renaissance au point.

778 — Quatre bergères, sièges et dossiers, sans manchettes, en tapisserie au point.

779 — Tapisserie au point : feuilles d'écrans, garnitures de sièges, morceaux.

780 — Grand tapis ou couvre-lit de satin bleu à rosace centrale, guirlandes et arabesques brodées en soies multicolores.

781 — Soieries anciennes, lampas, brocatelles, chasubles, chapes, jupes de robes, morceaux divers.

782 — Étoffes modernes : velours en plusieurs tons, soieries, damas de Lyon, canetillé, étoffes de laine.

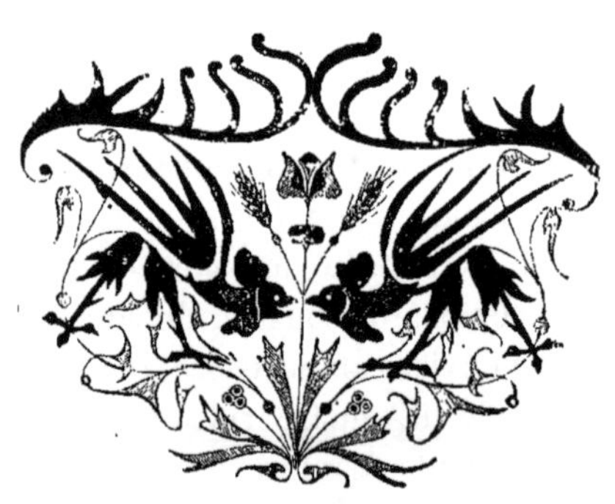

9 782329 509778